La Verdad Sobre el Dinero

Todd Allyn

La verdad sobre el dinero

Todd Allyn

Estados Unidos de América

Publicado por Shooting Stars Publishing House 2021
Derechos de autor©2021 Todd Allyn

Reservados todos los derechos.

ISBN 9798491251742

Este libro ha sido publicado con todos los esfuerzos razonables elaborados para que el material esté libre de errores después del consentimiento del autor. Ninguna parte de este libro debe ser utilizado, reproducido de ninguna manera sin el permiso escrito del autor, excepto en el caso de breves citas incorporadas en artículos críticos y reseñas.

El autor de este libro es el único responsable de su contenido, incluidos, entre otros, los puntos de vista, las representaciones, las descripciones, las declaraciones, la información, las opiniones y las referencias. El contenido de este libro no constituirá ni se interpretará ni se considerará que refleja la opinión o expresión del editor o quien lo publica. Ni el editor ni quien lo publica respaldan o aprueban el contenido de este libro ni garantizan la confiabilidad, precisión o integridad del contenido publicado en este documento y no hacen ninguna representación o garantía de ningún tipo, expresa o implícita, incluidas, entre otras, las garantías implícitas de comerciabilidad, idoneidad para un propósito particular. El editor y quien lo publica no serán responsables de ningún error, omisión, ya sea que dichos errores u omisiones sean el resultado de negligencia, accidente o cualquier otra causa o reclamo por pérdida o daños de cualquier tipo, incluidos, entre otros, pérdidas o daños indirectos o consecuentes que surjan del uso, la imposibilidad de usar o sobre la confiabilidad, precisión o suficiencia de la información contenida en este libro.

DEDICACIÓN

Este libro está dedicado a mi amada esposa, mis hijos, hermano, hermana, suegros y sobrinas, sobrinos y primos. La riqueza generacional debe comenzar en una familia en algún momento. Decreto y declaro que comienza aquí y ahora. Este libro también está dedicado a aquellos que han decidido tomar la píldora roja y descubrir la verdad sobre quiénes son y cuán poderosos pueden ser en el mundo.

Contenido

Dedicación .... Page 3

Tú eres el dinero .... Page 5

¿Qué estás sacrificando? .... Page 11

¿Cuál es la prioridad? .... Page 19

Valor Neto frente a su Red .... Page 23

Actitud de Amistades .... Page 28

Dinero Redefinido .... Page 31

Extrayendo nuestras vidas de presidentes muertos ... Page 37

Cazadores de corazones, no cazadores de papel .... Page 40

M.O.N.E.Y (Dinero). .... Page 47

Últimas palabras .... Page 50

Sobre el Autor .... Page 51

La verdad sobre el dinero

Todd Allyn

CAPÍTULO 1

TÚ ERES EL DINERO

Si creciste cerca de los 80, es posible que estés muy familiarizado con la frase de la película *Jerry Maguire*, "¡Muéstrame el dinero!". Para muchos de nosotros, eso puede convertirse en un término de acción diario que esperamos en los negocios o en cualquier intercambio. Si eres un aficionado al fútbol o un hombre de negocios, el dinero es el rey. No importa cuánto gastemos a diario, ya sea en una factura, vacaciones, comida, nuestras familias o en la última película, el dinero ha demostrado ser la única forma aceptable de comercio. El dinero se define de acuerdo con el diccionario Webster como lo siguiente: un medio actual de cambio en forma de monedas y billetes, monedas y billetes colectivamente. El dinero se utiliza como medio de cambio, depósito de valor, unidad de cuenta y estándar de pago diferido. Es difícil darse cuenta de que el dinero es en verdad sólo una representación de valor. El verdadero valor somos nosotros. A menudo es difícil darse cuenta de que somos el dinero porque hemos sido condicionados a pensar que el dinero es algo real, sin darnos cuenta de que creamos valor y que el dinero representa el valor que intercambiamos.

La verdad sobre el dinero

Todd Allyn

El dinero no es más que un recurso de intercambio o una forma de moneda. No hemos logrado entender que los trozos de papel que tenemos en nuestras manos son un símbolo de poder que representa nuestra capacidad para crear. El dinero se ha utilizado para crear fortunas para quienes han creado cosas que han beneficiado al mundo. Y, lamentablemente, el dinero también se ha utilizado para causar dolor y destrucción. En las siguientes páginas quiero que comprenda un hecho importante y pasado por alto sobre el dinero. Eres el dinero real. Así es, somos el dinero, ya sea que tenga un billete de un dólar o 100 dólares en la mano. El valor del dinero que tienes en tu mano representa el valor de lo que has creado con tus manos, tu mente y lo que la gente está dispuesta a cambiar por esa creación. El papel moneda puede depreciarse con el tiempo por razones que descubriré en otro libro, pero la verdadera esencia del dinero (Tú) no se puede depreciar, solo aumentar de valor.

No es que el dinero no tenga el mismo valor, es porque el papel no tiene el mismo valor. El papel moneda cambia de valor hoy en día porque la fe que tienen muchas personas cambia con frecuencia cuando se trata de la confianza en la política del país y el valor de la moneda. En el pasado, el dinero estaba respaldado por oro o plata u otro activo tangible. Sin embargo, hoy está respaldado por la fe que se tiene en el gobierno que imprimió los billetes.

La verdad sobre el dinero

Todd Allyn

¿Qué sucede cuando trabajamos en beneficio de la obtención de papel moneda? Lo que realmente estamos haciendo es negociar nuestra vida, nuestro tiempo en esta existencia, gastando nuestra energía en recolectar papel. Somos el dinero. Estoy convencido de que la mayoría de la gente de hoy ha caído presa del canto de sirena del dinero y se ha arruinado en las rocas en el mar de la vida. La mayoría de las personas se han convertido en víctimas de la mentira del dinero y están sometidas a la rueda de hámster virtual de correr detrás de algo que siempre se les escapa.

Estoy convencido de que hoy en día hay más personas que persiguen continuamente el papel, día tras día, sin comprender en absoluto la dinámica del valor del dólar que tienen en la cabeza o lo valiosos que son en realidad. No reconocen el valor que tienen a través de su creatividad y capacidad para crear algo a partir de la nada, o para utilizar los recursos y herramientas disponibles para proporcionar un bien o servicio que pueda servir a sus semejantes. No comprenden lo increíblemente valiosa que es y puede llegar a ser su vida.

En cambio, están persiguiendo el sueño del millón de dólares de hacerlo grande, que es un falso ídolo del papel. Aquellos que realmente entienden quiénes son, y que la riqueza solo se crea a través del servicio que brindan a los demás, son los que alcanzarán un nivel de riqueza y acumulación de papel que sea representativo de su servicio a los demás. Aquellos que no se dan cuenta de este hecho de que ellos son la fuerza creativa y

La verdad sobre el dinero

Todd Allyn

verdaderamente que son dinero, pasarán sus vidas constantemente corriendo tras la representación en papel de ellos mismos en lugar de alcanzar la comprensión dinámica de lo que es el dinero.

Cuando comprenda que es valioso en el presente y tendrá aún más valor en el futuro que la hoja de papel que actualmente representa dinero, comprenderá que es sólo una hoja de papel. Ya no estás esperando, persiguiendo monedas de cinco centavos para hacer monedas de diez centavos, sino que estás haciendo historia siendo quién eres, no el cazador de dinero, sino el que representa la representación física del dinero.

Somos el dinero. Ahora verás que el activo más importante es el reconocimiento de que nada se puede crear sin el hombre (mujer), y puedes crear todas las cosas que decidas crear con los recursos necesarios para hacerlo. Una vez que te veas a ti mismo como tal, nunca más volverás a aceptar la definición de dinero que la sociedad ha utilizado a propósito para engañarte.

Somos el valor que tiene el dinero. Usted es el principal activo de la sociedad, no el dólar de papel. Sin nosotros, no hay valor futuro del dinero, y no se puede entregar ningún valor a la sociedad sin el ser humano vivo. Discutiré dólares y centavos, y lo que significa comprender realmente el valor de lo que contiene el dinero más adelante en este libro.

Quiero que comprenda esta verdad: "Somos el dinero" no es solo una

La verdad sobre el dinero

Todd Allyn

frase cliché, sino que es una comprensión del verdadero conocimiento y comprensión de que usted es el creador de valor, y el dinero que tiene en su mano es solo un representación de su obra. Es una representación de su tiempo, energía y su vida. Puede crear tanto de este papel como desee. Tienes el poder en tu mente y la habilidad de tus acciones.

Mi objetivo al escribir este libro es ayudar al lector a adquirir conocimientos, comprensión y, lo que es más importante, la capacidad de aplicar la información de estos capítulos. Mi objetivo es que el lector sea un participante activo en el descubrimiento de lo poderoso que son en realidad. No simplemente para leer tranquilamente sobre el dinero. Sin embargo, el objetivo es aumentar el conocimiento, la comprensión y los principios basados en decisiones que desafiarán sus pensamientos y lo impulsarán a comprender mejor lo que tiene en la mano cuando usa papel moneda. Tarjetas de crédito incluidas.

Quiero desafiarte a que profundices y comprendas el valor o lo que representas. Si cree que el dinero es algo que usa para gastar en cosas sin comprender nunca que el papel moneda refleja su tiempo, energía y esfuerzo, y que usted es lo más valioso, entonces nunca podrá conocer su verdadero valor y potencial. Tu vida no se vuelve más valiosa que una hoja de papel de colores con una persona muerta encima. Ahora, depende de nosotros entender una vez más que somos el dinero y no guardar dinero en

La verdad sobre el dinero

Todd Allyn

frascos, cuentas bancarias o debajo de colchones como solían hacer algunos en el pasado. Esta es una oportunidad para liberarnos de las cárceles que hemos creado en nuestras vidas de creencias y valores falsos y para abrazar la libertad que nos puede dar la comprensión de lo poderoso que realmente somos.

Cuando comprendes que eres el dinero, el valor de tu vida cambia.

Cuando comprenda que usted es el dinero, la forma en que la gente lo trata cambiará y la forma en que se conecta y la red también cambiará. Ya no se conformará con menos en sus relaciones. Tendrás una opinión mucho más alta de ti mismo y exigirás que las personas que te rodean te respeten como es debido. Comprenderá y creerá que vale millones. Tú eres el dinero. Mira a tu familia. Mire a su alrededor a sus amigos, mire a su alrededor en su círculo de influencia y comprenda hoy que usted es el dinero.

CAPÍTULO 2

¿QUÉ ESTÁS SACRIFICANDO?

A lo largo de nuestros horarios y regímenes de vida diarios, siempre hay alguien que puede sacrificar más tiempo y esfuerzos que otros. Lo mismo ocurre con el dinero. Hay quienes hacen todo lo posible para asegurarse de que su familia tenga una cuenta de ahorros, seguro médico, seguro de vida, 401k y un plan de ahorro que se cumpla.

Muchos continúan sacrificando grandes cantidades de tiempo y energía diariamente para perseguir dólares. Algunos niños nunca pasan tiempo con sus padres debido a las innumerables cantidades de tiempo que se dedican continuamente a perseguir dólares. Las relaciones familiares se pierden debido al ajetreo constante. Muchas familias se destruyen debido a la adoración de las finanzas, o la acumulación de riqueza ha sido sustituida por una buena crianza o relaciones amorosas.

Lo cierto es que hoy en día cada vez más personas están convencidas de que su forma de vivir y su sacrificio por sus familias es la correcta. El concepto de "sacrificio" es un concepto importante para discutir. ¿Qué se está sacrificando en el altar de todos los poderosos billetes? ¿Tu familia?

¿Amigos? ¿Tu propia vida? El tiempo que pasa persiguiendo el dólar no se puede ahorrar y no se puede recuperar. Puede trabajar y ahorrar para la jubilación, y cuando haya sacrificado sus años de juventud cuando podría haber viajado y disfrutado de la vida, ahora debe quedar relegado a la mala salud y las relaciones perdidas. ¿De qué sirvió el sacrificio y qué se ganó? Nunca he visto a una persona llevarse su riqueza a la próxima vida. Nunca va con nosotros. Siempre hay una opción económica. Qué harás versus lo que no harás. Hay muchas personas que pueden sacrificarlo todo y no ganar nada, y otras que pueden sacrificar todo su tiempo y energía para trabajar incansablemente hora tras hora y día tras día para ganar dinero para cuidar a sus seres queridos, y aun así perder las cosas más importante en la vida.

El sacrificio a un simple cazador de papeles puede parecer un estafador, de modo que su sacrificio puede parecer importante. En términos económicos, siempre existe un costo de oportunidad. Siempre renuncia a una cosa en respuesta a ir tras otra.

La verdad sobre el dinero

Todd Allyn

Dependiendo de cómo fuimos criados, algunos pueden perseguir dinero con más fervor que otros. Por ejemplo, si un niño creció en un hogar donde el dinero era fácil de obtener y no hubo mucha lucha involucrada, entonces, como adulto, puede tener la expectativa de recibir dinero y puede tener la creencia de que tiene derecho, y el sacrificio de su familia es normal. Luego hay algunos que pueden haber sido criados en hogares donde había una lucha constante por sobrevivir. Pueden creer que hay que perseguir el dinero para sobrevivir. Esto de muchas maneras hace que uno detesta el proceso de obtención de recursos y la creencia negativa de que el dinero es más importante que ellos y, ciertamente, la vida de los demás puede no tener mucho valor. Pueden creer que sin dinero la vida es una lucha constante. La creencia común de ambos ejemplos es que el dinero tiene una gran importancia y la vida de los demás puede sacrificarse o al menos dejarse en suspenso. Hay muchas teorías detrás de la creencia y las dicotomías del dinero que algunos quizás nunca comprendan, pero es importante saber si caes bajo el concepto de ser uno que está acostumbrado a tener dinero y sacrificar a otros en la búsqueda de más, o uno que odia donde ellos vinieron y usar eso como una excusa para sacrificar a otros en el ajetreo por el dinero. La verdad sobre el dinero siempre es la misma. La mayoría de nosotros valoramos las cosas incorrectas.

Como esposo, padre y profesor de economía, soy consciente de las difíciles decisiones que tomamos con respecto al dinero. El sacrificio implica mucho dedicación y tiempo que se dedica a crear, estudiar, escribir y aplicar el conocimiento y la conciencia que he desarrollado a partir de mi estudio del dinero. Sé que mi trabajo de tiempo y creatividad pronto será recompensado y que las recompensas económicas solo llegan cuando le he dado valor a la comunidad en general. También entiendo cómo nuestros sistemas educativos y políticos nos han lavado el cerebro para creer que el dinero es el camino hacia una vida feliz.

Para comprender las muchas dinámicas y facetas del dinero, debe haber una comprensión clara que se adapte a nuestros sistemas de creencias y nuestra naturaleza, que muchas veces pasan por alto y no utilizan. El dinero a menudo se ve como el fin de un medio en lugar de un reflejo de nuestras vidas y el tiempo que intercambiamos por papel sin vida.

El dinero no está destinado a administrar nuestros hogares; es una herramienta de ayuda en la gestión del hogar por parte de las personas. Para brindar comodidad y estilo de vida. El dinero es un objeto inanimado que no tiene vida. Los únicos que pueden dar vida y crear vida somos nosotros. El dinero, por lo tanto, es la representación de nuestra creatividad para administrar nuestros hogares y crear un estilo de vida.

Cuando haya adaptado una comprensión del papel del papel moneda como simplemente un medio de intercambio y que el valor real y el dinero es el ser humano vivo, entonces podemos cambiar nuestras creencias y tener mayor éxito. La creación de un plan para nuestras vidas no se basa en la herramienta del papel moneda, sino en lo creativos que somos y el valor que le damos al mundo. Si tienes metas financieras, primero debes tener un plan creativo sobre cómo darás tu valor al mundo. ¿Cómo se crea un plan?

Primero debes decidir adónde quieres ir o qué quieres hacer. Escriba en forma de pregunta "¿cómo puedo obtener x en el próximo año, meses, semanas, etc.? Luego, escriba 20 cosas que puede hacer (pasos de acción) que generarán ingresos. Crear un plan sin pasos de acción hará que su plan falle. La creación de un plan sin incluir la comprensión de su valor fracasará. Planificar sin comprender que usted es la fuerza creativa y que el papel moneda es sólo el resultado de su creatividad y sus esfuerzos provocará un fracaso total y trágico. No pasa nada sin su completa participación.

Cuando se crea un plan y es impulsado continuamente por su ambición, firmeza y concentración, entonces su mentalidad llevará su visión a la realidad.

vista clara. Darse cuenta de que los dichos de "Toca y se abrirá", "Lo que decimos y hacemos nos atraerá" y "Tu don te abrirá un espacio", son reflejos de lo poderoso que eres. No el papel moneda. Según Fernando Lopes, "la libertad financiera para la mayoría de nosotros vendrá de 3 fuentes: ingresos, ahorros e inversiones. Todos estamos programados de alguna manera para estudiar, conseguir un trabajo, obtener un ingreso, gastarlo y jubilarnos. Esto es visto como normal y aceptado por la sociedad, por lo que la mayoría de la población sigue ese camino o al menos lo intenta. La realidad es que este modelo de vida trae desafíos en el camino. Podríamos estudiar mucho, obtener buenas calificaciones, especializarnos con un MBA y, aun así, podríamos fracasar en la búsqueda de un trabajo bien remunerado. Incluso si lo hacemos, el trabajo puede consumir tanto tiempo que terminamos sacrificando nuestra vida en beneficio de los sueños de otra persona. El sacrificio y el dinero es más que guardar dinero en efectivo para el futuro, se trata de comprender las claves, los valores y los componentes del dinero más allá de ser un medio de poder adquisitivo.

La gente inventó el dinero con el objetivo de facilitar el comercio y la creación de dinero permitió que el comercio fuera más fácil y sencillo. Creó un valor de cambio normalizado. Un cerdo ya no valía cinco

pollos, podría utilizar un sistema numérico para representar el valor. En lugar de intercambiar bienes físicos, la gente comenzó a utilizar el dinero como medio de intercambio. La herramienta del dinero se creó como sustituto.

Sin embargo, también abrió el camino a transacciones futuras y fomentó la acumulación de riqueza con el establecimiento de sistemas financieros y el sistema crediticio. Y finalmente, evolucionaron los mercados de capitales, donde el dinero puede generar más dinero mediante transacciones especulativas. A lo largo de este viaje, a pesar de comenzar como un "medio", el dinero se convirtió en "fines", como se conceptualizó. Habiéndose convertido en el propósito final de los humanos, comenzó a dar forma a nuestras creencias, valores e interacciones sociales.

Todo esto no explica que el medio de intercambio sea realmente el individuo que crea el valor. El papel moneda es tan valioso como la fe que uno tiene en él. Valor intrínseco. El valor real está en la persona, no en el papel. Tú eres el dinero y tu tiempo / vida es lo que se intercambia.

CAPÍTULO 3

¿Cuál es la prioridad?

La palabra "prioridad" puede tener varios significados. Para algunos, puede significar urgencia o ahora, mientras que para otros puede significar lo que es más valioso para ellos a lo largo del tiempo. Merriam Webster define la palabra prioridad como lo siguiente: Algo que es más importante que otras cosas y que debe hacerse o tratarse primero. La condición de ser más importante que algo o alguien más y, por lo tanto, venir o ser tratado primero.

¿Qué es más importante en tu vida? ¿Es dinero? ¿Son las cosas?

¿Es la prisa? ¿Es tiempo? ¿O es todo sobre ti? Muchos estadounidenses consideran que mantenerse al día con los gastos de subsistencia o ponerse al día con las facturas es su máxima prioridad. Seguido de la gestión de facturas, pago de deudas y ahorros. ¿Y usted? Sus prioridades financieras estarán fuertemente influenciadas por lo que es importante para usted. Esto significa que debe ser honesto consigo mismo y su situación financiera y decidir lo que quiere. Sus hábitos de gasto le darán un buen punto de partida. Puede hacerse una idea de lo que es importante para usted revisando sus gastos durante los últimos meses. Esto le dará una idea general de lo que sus acciones dicen que es importante. Si está decepcionado por lo que ve, puede hacer cambios para que sus gastos se ajusten a lo que desea lograr.

Nuestras prioridades deben agregar más valor a nuestras vidas que el análisis en dólares de cómo vemos el dinero. Debe haber un reacondicionamiento de cómo vemos el papel moneda y cómo usaremos este recurso imaginado en el presente y en el futuro. Lo que hagamos hoy tendrá un impacto en lo que podamos hacer mañana y en lo que dejaremos a las generaciones futuras.

¿Invierte en su crecimiento personal tanto como invierte en pagar o trabajar en los sueños de otras personas? Si no te desarrollas, ¿cómo vas a incrementar el valor que puedes dar al mundo? Siempre se puede saber lo que cree una persona por dónde gasta su dinero. Y como eres el dinero, ¿gastas la mayor parte de tu dinero en tu desarrollo personal?

Contrariamente a las creencias populares, el dinero solo puede hacer lo que le decimos que haga. Le decimos dónde ir, y qué hacer, qué comprar, cuándo sentarse, y también le decimos que se pierda, o se lo ponemos en manos de otra persona. Otro experto financiero explica los diferentes aspectos del dinero para los adultos jóvenes, incluido el dinero: "Mejorar su salud financiera no es diferente en el sentido de que se toman medidas para ver resultados".

Lo que se necesita para mejorar sus finanzas personales es su

La verdad sobre el dinero

Todd Allyn

desarrollo continuo como individuo. Cree el plan para desarrollar su mente y siga los pasos para trabajar continuamente en esta área. Desarrolle una comprensión clara de quién es usted y cuán poderoso puede ser. Esto le ayudará a pasar al siguiente nivel.

En nuestra era moderna de costos de vida crecientes e inflación, ¿cómo puede la gente crear estabilidad financiera? ¿Cuál es el secreto? Es simplemente una palabra: prioridades. Ahora, no me refiero solo a priorizar el ahorro de dinero sobre cosas como viajes, recreación y pasatiempos. No, me refiero a construirte a ti mismo. Responde las preguntas, ¿qué quieres? ¿Cuáles son tus sueños? ¿Qué valor quieres darle al mundo? ¿Cómo puede la creación de papel moneda a través de su creatividad ayudarlo a llegar a donde quiere estar en la vida?

La acumulación de papel moneda no debe ser la razón principal de su vida, pero el objetivo principal debe ser el desarrollo de su vida como una persona de valor para su familia, su comunidad y el mundo. Cambia tu paradigma con respecto al dinero. Uno de los mayores fracasos que enfrentamos en la sociedad es lo que nos han enseñado con respecto al dinero y en lo que los expertos financieros se enfocan continuamente. Se nos ha enseñado cómo ser siervos del dinero en lugar de ser el amo. El papel moneda no debería ser lo más importante en su vida. Si bien creemos que el papel moneda es importante para nuestras familias y nuestra comunidad, la realidad es que nuestra creatividad para construir, crear y conectar con otros es el mayor valor que tenemos. La riqueza solo puede ser creada por la creatividad del ser humano. La prioridad debe ser el desarrollo de nuestra humanidad y creatividad individuales.

CAPÍTULO 4

VALOR NETO VERSUS SU RED

La red es el cálculo de sumar todos los activos y restar todos los pasivos. Lo que le queda es el valor o el patrimonio netos que posee una persona. Los bancos y las instituciones financieras utilizan este cálculo para determinar la solvencia crediticia de una persona en términos de permitir que la persona acceda al crédito, o en términos de cuánto permitir que una persona pida prestado para varias compras. Cuanto mayor sea el patrimonio neto de una persona, los bancos y las instituciones financieras la tratarán con un mayor servicio al cliente porque los bancos ven a estos individuos de alto patrimonio como gansos de oro.

Uno de los grupos demográficos de más rápido crecimiento en el mundo es el de las personas con patrimonio neto ultra alto. Esta población creció casi un dos por ciento en 2020 a pesar de la pandemia. Se trata de personas que tienen un patrimonio neto superior a los 30 millones de dólares en activos. Como grupo, su patrimonio neto general aumentó durante la caída de la actividad financiera más dinámica en una generación.

Una de las cosas sorprendentes que se descubrió de la pandemia reciente es que muchos de los UHNW hechos a sí mismos han aumentado durante el período. Más de la mitad de la población de este grupo demográfico ha aumentado su riqueza en un seis por ciento desde 2016. Muchas de las personas de UHNW se hicieron a sí mismas y no recibieron su riqueza a través de la herencia.

Vivimos en una sociedad que pone un mayor énfasis en la cantidad de dinero que tienen las personas frente al valor que el individuo agrega o aporta a la vida. Muchas personas compiten con otras en función de la cantidad de dinero que puedan poseer. Algunas personas buscan ganar más dinero para tener la oportunidad de decirles a otros cuánto tienen en sus cuentas bancarias. Mi objetivo es brindarles una mayor conciencia. La persona que ayuda a la mayoría de las personas a obtener lo que quieren o necesitan, generalmente se convierte en la más rica.

Cuando pienso en el término red, piense en él como algo que está capturando algo. Entonces, si pensamos en nuestro patrimonio neto, ¿qué está capturando? ¿Busca captar constantemente la atención, la valoración y la aprobación de los demás, o busca dar valor a los demás para que también pueda recibir el valor necesario? Qué es eso

le ayuda a crear patrimonio neto? ¿En qué se basa su patrimonio neto? Su patrimonio neto se basa en el valor que da frente al valor que gasta. Cuanto más valor ofrezca en comparación con el valor que gaste, mayor será su patrimonio neto.

La verdad sobre el dinero

Todd Allyn

Lo principal que se necesita para aumentar el patrimonio neto es el carácter.

El carácter es muy importante porque define quién eres. La integridad es quién eres cuando nadie te está mirando. Entonces, si te apagamos las luces. ¿Eres dinero? ¿Está continuamente enfocado en lo que tiene versus lo que puede dar a los demás? ¿Eres egoísta? ¿Eres una persona que se entrega mientras se hace un selfi? Dar debe hacerse en secreto. El desarrollo de su patrimonio neto realizado en secreto será evidente por sí solo en función del valor que le dé a los demás.

¿Qué le estás dando a la gente? ¿Estás agregando valor? ¿Está extendiendo sus talentos a otros para ayudarlos a recibir las cosas que necesitan para tener una vida de calidad? ¿Les está demostrando que deben crear valor en sus vidas en beneficio de sus comunidades y la sociedad?

¿Qué está haciendo para extender adecuadamente su tiempo para mostrarle a la gente el valor de lo que una relación con usted tiene para ellos ahora y en el futuro?

¿El futuro? Bueno, me gusta decir que su red está asociada a su patrimonio neto. Las personas con las que tienes relaciones son esenciales porque la gente hará juicios de valor sobre ti en función de con quién te relacionas. Un factor de confianza se crea en secreto donde las personas decidirán confiar en ti o no en función de quién esté en tu círculo. El valor neto es el valor acumulativo de lo que gasta y lo que retiene. La diferencia entre sus deudas y sus activos. Tener más activos que deudas siempre es mejor porque demuestra que das más valor del que recibes. También es vital que comprenda qué hacer con los talentos que tiene. Su red es el motor que impulsa su patrimonio neto porque es el lugar donde obtiene inspiración, motivación y responsabilidad.

Es importante comprender el valor neto porque cuando reconoce que comprende su valor, comprende cuánto vale más que un dólar de papel. Eres realmente invaluable porque tienes un poder ilimitado para crear riqueza a través de tu atención enfocada y acciones directas. Mirar su patrimonio neto como un ejercicio le da un punto de partida en el que operar y comprender que el patrimonio neto actual no es una indicación de todo su potencial y valor que puede dar al mundo.

Un día estaba en la gasolinera poniendo gasolina en mi coche y vi un centavo al lado de la bomba que estaba usando. Fui a recoger la moneda y guardé el centavo en mi bolsillo. Un hombre que estaba cerca vio lo que había hecho y se acercó a mí y me dijo, cuando una persona valora un centavo tanto como un dólar, usted sabe que esa persona puede hacer una diferencia en el mundo. Cuando valora los pequeños cambios, así como los grandes problemas, se da cuenta de que los pequeños centavos

La verdad sobre el dinero

Todd Allyn

suman un dólar.

Por favor, haz este experimento mental conmigo. ¿Qué preferirías tener? 1 millón de dólares hoy, o un centavo hoy y el doble del centavo cada día durante un mes.

Si usted es como la mayoría de las personas, dicen que se quedarían con el millón ahora, sin darse cuenta de que al revés lo hacen 5 veces más al final de los 30 días.

El poder de este ejercicio no puede pasarse por alto. Las pequeñas victorias de progreso todos los días eventualmente se convertirán en una bola de nieve en un rendimiento masivo. Estar presente y agregar valor a la vida de quienes lo rodean y a su red producirá un valor enorme en un período de tiempo relativamente corto y durar toda la vida. Los segundos de tiempo y energía que tiene y al estar enfocado con láser en su búsqueda de valor creciente, le brindarán recompensas increíbles ahora y en el futuro.

Integridad, responsabilidad, disciplina y carácter son los cuatro pilares del éxito. Sin estos en conjunto, es muy difícil crear y mantener riqueza. Convertirse en estas cosas le asegurará un nuevo descubrimiento de lo que realmente es el dinero y tendrá la capacidad de aumentar su patrimonio neto a un valor mayor.

CAPÍTULO 5

ACTITUD DE AMISTAD

Quiero aprovechar esta oportunidad para hablar un poco más sobre su red. Un boxeador de campeonato nunca simplemente salió de la calle para convertirse en campeón. Se convirtieron en campeones del mundo gracias a su arduo trabajo, determinación y determinación. Además, tenían un grupo de personas a su alrededor llamados compañeros de sparing, que se subían al ring con ellos durante el entrenamiento, y si cometían un error, el compañero de sparring los golpeaba en la boca. Tener buenos compañeros de entrenamiento es esencial para aumentar tu valor y lo que ofreces al mundo. Sin embargo, hay una gran cantidad de relaciones que encontramos en la vida.

Los buenos amigos siempre son buenos compañeros de entrenamiento. Estableces una conexión, ambos son impulsados hacia el éxito definido por ti, y tus amigos te hacen responsable. Esta asociación de responsabilidad lo elevará a niveles de éxito cada vez más altos. Los amigos son como botones en un ascensor. Pueden llevarlo al sótano o al ático y a todos los puntos intermedios. Si tus amigos no te motivan a tener éxito ni a celebrar tus éxitos, entonces tienes los amigos equivocados. También otras relaciones importantes. La claridad de propósito proporciona una base para comprender la base de hacia dónde se dirige con su relación. Es importante que comprenda el trasfondo de por qué está en esa relación, o por qué está en esa amistad y por qué está conectado.

Puede ser una relación comercial o puede ser simplemente una amistad; hay un propósito que está conectado a esa relación. Cuando tienes relaciones con amigos que entienden el poder y el valor que aportas a la amistad, y ellos entienden que tu humanidad es mayor que cualquier cantidad de papel moneda, esto crea una atmósfera de crecimiento para que ambos puedan crecer. un mayor nivel de comprensión de su propósito. La actitud crea claridad y concentración.

Ahora que tiene claridad de propósito y está actuando en su poder, y ha ganado conciencia de su valor, sepa esto, que siempre habrá personas que vendrán en su círculo para motivarlo y empoderarlo. Si eres un influenciador que está marcando la diferencia, te conectarás con otros influenciador que entienden y se encuentran en un lugar en sus vidas que les permite llevar las cosas un paso más allá y puede ayudarlo con el crecimiento exponencial y la comprensión del poder de las amistades, el poder de las relaciones, el poder de las conexiones y el poder de la autoconciencia y la honestidad.

Las águilas no vuelan con patos. No porque sean diferentes, sino porque no pueden volar a la misma altitud. Todos somos patos en algún momento. La clave es convertirnos en águila a través de nuestra actitud y conexiones.

Estas relaciones se desarrollan continuamente en su vida. Hay una actitud relacionada con todas sus relaciones; Si su relación no está creciendo, entonces tal vez sea el momento de pasar a una nueva amistad o relación que está en constante crecimiento y se mueve continuamente en una dirección positiva porque no quiere relacionarse con personas que lo retrasan o hacen perder su tiempo o son incluso tóxicos. Más bien, desea estar con personas que le permitan crecer y elevarse en cada área de su vida. La actitud de las relaciones crea un patrón de creencias y acciones que conducen a un crecimiento continuo.

CAPÍTULO 6

DINERO REDEFINIDO

El dinero, la moneda, los ingresos o cualquier artículo de comercio o trueque ha existido desde los albores de la civilización. Ha tenido muchas formas y evoluciones, pero su propósito siempre ha sido el mismo. Antes de que el dinero tomara su forma más notable como monedas y papel, la gente de la antigüedad comerciaba con animales, minerales, metales e incluso comerciaba con trabajo manual en los campos de especialización de los demás.

Esta ha sido siempre la forma en que la humanidad se ha beneficiado de los recursos de otros para mejorar sus vidas con el tiempo. La verdad es que es imposible sobrevivir en una sociedad sin comercio e ingresos y sin un sistema de intercambio. Estos son algunos principios clave por los que debe mantener sus finanzas y cómo no sentirse abrumado en su búsqueda de ingresos.

El primer principio en el que debes pensar es que quieres pasar de sobrevivir a prosperar. La trágica realidad es que muchos nunca tendrán una relación positiva con el dinero porque siempre provoca sentimientos de depresión, desesperanza y miedo. Nunca alcanzarán sus sueños o metas porque solo están pensando en sobrevivir día a día, semana a semana o día a día, y no se dan cuenta de que el dinero es una función de su servicio y valor para el mundo. Cuando comienzan a reconocer quiénes son, muchos de estos pensamientos e ideales contraproducentes pueden ser eliminados de sus mentes. Debes recordar no permitirte vivir con miedo y estrés porque esto dificultará tu ética laboral y tu salud en general.

    Una de las formas más importantes de combatir estas mentalidades tóxicas que buscan plagar su salud y su arduo trabajo es elegir caminar en paz. Cuando tenga estos sentimientos, es importante que respire profundamente y se relaje. Se ha demostrado médicamente que el estrés, el miedo y la ira contribuyen a la presión arterial alta, accidentes cerebrovasculares, obesidad, aneurismas y ataques cardíacos, solo por nombrar algunos. Cree en ti mismo y cuenta tus bendiciones sobre las pequeñas victorias y comienza a desarrollar un propósito más allá del cheque de pago.

Esto me lleva a mi segundo principio: convertirse en su propio jefe. Hay un propósito para ti mayor que tu cheque de pago cada pocas semanas, y necesitas darte tiempo para soñar en grande a pesar de tu realidad actual. Mucha gente cree que la mayoría de los millonarios y multimillonarios crecieron con una cuchara de plata en la boca, pero la mayoría de los nombres familiares de hoy en día eran personas sin hogar, huérfanos, empobrecidos y comenzaron con trabajos de nueve a cinco como tú y yo.

La verdad sobre el dinero

Todd Allyn

Lo que los mantuvo en marcha fueron los sueños que alimentaron su diligencia.

Mientras trabajaban en una caja registradora, pensaban en su futuro negocio. Mientras limpiaban el inodoro, pensaron en el despegue de su carrera musical. Cuando finalmente recibieron ese cheque de pago, dejaron una parte a un lado para financiar sus actividades secundarias y el autodesarrollo que cambiaron sus vidas para siempre. No renuncies a tu trabajo todavía, pero encuentra algo en el lado que no solo te apasione, sino en lo que seas bueno, luego trabaja ese sueño hasta que ese sueño finalmente pueda pagarte.

El siguiente principio es la economía de la educación y el autodesarrollo. No es ningún secreto que la educación cuesta bastante y que no siempre va a dar sus frutos inmediatamente después de la graduación. También es lamentable que vivamos en una sociedad que mide el valor y la ética laboral de alguien en función de la cantidad de títulos que tiene. La realidad es que a algunas personas no les va bien bajo presión académica, y sus calificaciones o falta de educación o pedigrí no son un reflejo exacto de su sabiduría, inteligencia y talento. Puede ser alguien que no puede pagar la escuela en este momento, pero no deje que eso le impida invertir en el arte de talento que desea. La educación formal no es el único medio para educarse.

La verdad sobre el dinero

Todd Allyn

La biblioteca es gratuita junto con las experiencias de la vida. No es necesario que un papel proporcionado por un sistema educativo prusiano le diga si puede agregar valor a la sociedad. Lea libros y encuentre mentores que se especialicen en las trayectorias profesionales de sus sueños y pídales a otros los libros que agregan valor a sus vidas. Yo, por mi parte, comencé mi carrera y mi sed en la profesión que elegí basándome en un libro que leí.

El título del libro es: "¿Por qué los blancos deberían divertirse tanto?". Ese libro cambió mi vida y me ha ayudado a agregar valor a innumerables personas a partir de las lecciones que aprendí en esas páginas.

La educación nos rodea. Estudiar tus pasiones y cultivar tus sueños cuando no estás en el trabajo mantendrá tu mente aguda, bajos niveles de estrés y te dará una meta que alcanzar. Nunca se sabe cómo esto le ayudará a prepararse para cuando se le presente la oportunidad que llevará su vida al siguiente nivel. Cuando esté preparado, se le presentará la oportunidad. Todo lo que aumente su conocimiento se considera educación.

Hablando de tutoría, otro principio para ayudar a cambiar su relación con el dinero son las conexiones y las relaciones. Muchos han dicho a lo largo del tiempo que no se trata solo de lo que sabes, sino más

La verdad sobre el dinero

Todd Allyn

bien de a quién conoces. No esté tan obsesionado con perseguir el dólar que pierda tiempo invirtiendo en sus pasiones a través de conferencias, talleres y tutorías. Hay personas que buscan a alguien como tú que puede que no tenga el título, pero tienen el sueño y la diligencia necesarios para agregar valor a sus vidas.

Hay muchos líderes y directores ejecutivos que no buscan robots, sino personas con las que vincularse que hagan que su lugar de trabajo sea más agradable y fácil de lograr los objetivos planificados. Eres la respuesta al siguiente nivel de alguien, así que no desprecies lo poco que tienes, incluso si es simplemente un sueño. Tu sueño está a punto de coincidir con alguien que tiene los recursos que necesitas, y pronto podrás comerciar con ellos, y tu diligencia y su plataforma serán un beneficio para ambos.

Debe tener en cuenta que, a medida que cuente sus bendiciones, a medida que desarrolle una ética de trabajo diligente, haga tiempo para invertir en sus sueños y educación y para construir relaciones y tutorías duraderas. Todas estas cosas combinadas pronto te convertirán en una fuerza poderosa que es valiosa para el mundo. Piense en su familia y legado, y en cómo podrá pagar los sueños y la educación de sus hijos y nietos que aún no han nacido. No puede cambiar el hecho de que necesita papel moneda para sobrevivir en este mundo, pero puede cambiar su forma de pensar para prosperar no solo financieramente, sino también emocional, física y espiritualmente. Tú eres el dinero, así que sé el dinero.

CAPÍTULO 7

EXTRAYENDO NUESTRAS VIDAS DE PRESIDENTES MUERTOS

Existe una profunda realidad intelectual de que la mayoría de las personas no son conscientes de que el papel que tienen con tanta fuerza en sus manos, que tiene imágenes de presidentes muertos o personajes famosos, es una representación de un valor imaginado. Una realidad que el papel no tiene valor real. Lo que la gente tiene en la mano cuando tiene papel moneda es la representación de algo muerto y no puede producir vida. Esto no es algo que solo esté en los Estados Unidos, sino en todo el mundo. Solo hay unos pocos países que tienen personas vivas en sus notas. Sin embargo, la realidad sigue siendo la misma, el papel moneda no tiene valor real, el valor es solo una fantasía.

En 1866, el Congreso emitió una ley declarando que ninguna persona viva puede ser representada en moneda estadounidense. Nuestros Padres Fundadores creían que era antipatriótico que las semejanzas de personas vivas se colocaran en el dinero en circulación. El presidente George Washington se negó a tener su retrato en el primer dólar de plata estadounidense. Los billetes de banco de los Estados Unidos de América tienen rostros de estadounidenses prominentes, incluidos cinco presidentes:

La verdad sobre el dinero

Todd Allyn

- **$1:** presidente George Washington
- **$2:** presidente Thomas Jefferson (estos todavía existen, pero están en circulación limitada)
- **$5:** presidente Abraham Lincoln
- **$10:** secretario del Tesoro Alexander Hamilton
- **$20:** presidente Andrew Jackson
- **$50:** presidente Ulysses S. Grant
- **$100:** el embajador de EE. UU. Benjamin Franklin

Cuando intercambias tu creatividad y aportas valor intercambiable, se te presenta algo que representa un tiempo agotado. La imagen de una persona muerta representa algo que se ha ido. Cambias tu tiempo y tu vida real por imágenes de los muertos. Esto da más evidencia de su importancia. Su vida tiene valor, por lo tanto, los gobiernos y las empresas de todo el mundo tienen la intención de controlar su mente y sus actividades. Los impuestos son una representación de los gobiernos que requieren su vida para que existan. Nuestro sistema educativo nos ha llevado a creer que vivimos para trabajar por dinero. El sistema educativo tal como lo conocemos hoy en día es producto de personas adineradas que necesitaban el trabajo de otros para hacer crecer su propia empresa. Convencer a los demás de que deben trabajar e intercambiar su vida por trozos de papel sin valor es la antítesis

La verdad sobre el dinero

Todd Allyn

de la libertad. La verdad es que somos el dinero y el papel moneda representa la extracción de vida de nosotros.

Muchos creen que el papel moneda es poder. La verdad es que los vivos tienen el poder, no los muertos. Cuando pagamos por los artículos que compramos, en realidad no estamos pagando con papel moneda, estamos pagando con nuestro tiempo. Por el contrario, cuando recibimos un salario, representa el tiempo extraído de nuestras vidas. El par de zapatos de cien dólares representa la cantidad de horas de nuestra vida que dimos a cambio de esos cien dólares. ¿Qué es más valioso para ti ahora, tu vida o las imágenes de los muertos?

CAPÍTULO 8

CAZADORES DE CORAZONES, NO CAZADORES DE PAPEL

Los cazadores de papel se pueden reconocer y ver en todo el mundo. Son simplemente personas que tienen una cosa en mente, ganar dinero para obtener ganancias. El dinero rápido no se queda, pasa igual de rápido si una persona tiene la mentalidad equivocada al obtener dinero. Cuando eres un cazador de corazones en lugar de un cazador de papeles, la persecución del papel es un poco menos importante y realmente atraerás más.

Debe haber un deseo profundo dentro de nuestras vidas que sea más grande que la búsqueda del dinero, la fama o el éxito. Nuestro deseo debe ser ganar los corazones y las mentes de nuestras familias, amigos, comunidad y personas en general a través de actos de servicio.

El corazón de algunos ha provocado un infarto debido al esfuerzo constante de perseguir dinero y no cuidar su salud en el proceso. ¿Qué estás persiguiendo hoy? ¿Estás persiguiendo continuamente ídolos de papel de individuos sin vida? ¿O estás persiguiendo tus sueños y agregando valor al mundo? Persigue lo que más importa en su corazón y lo que más importa en su vida. Si el papel moneda es su razón y su pasión en la vida, entonces sus acciones reflejan lo que es más importante para usted. Cuando no comprendamos completamente quiénes somos, continuaremos persiguiendo cosas imaginarias. Constantemente perderemos la imagen completa de lo que realmente se trata la vida. El papel moneda no es real. ¡TÚ ERES EL DINERO! ¡El alma viviente!

Debe haber una búsqueda del corazón que late continuamente por cosas más grandes en la vida que late por más de lo que quieres lograr en la vida y que agrega valor en lugar de simplemente perseguir el signo del dólar. Hay una guerra y una oposición constantes en nuestras vidas. Porque hemos sido condicionados desde el nacimiento de que el dinero hace girar al mundo y la búsqueda del dinero proporcionará felicidad. Sin embargo, la verdad es que cuando tu corazón está en el lugar correcto y te enfocas en dar valor a los demás, entonces entiendes cuán poderoso te estás volviendo más enfocado. Para muchos, su visión del mundo está enmarcada por la pérdida del significado y el verdadero propósito del dinero. Hay más en la vida que perseguir falsos ídolos de papel.

Debe haber una conciencia y un entendimiento de que perseguir dinero o pensar en el dinero y tener la mente puesta en su dinero siempre, hace que perdamos el enfoque en las cosas que más importan en la vida. Perdernos la familia, las relaciones y las experiencias compartidas con los seres queridos hace que perdamos lo que más importa en mi vida. Porque donde está tu corazón, tus acciones seguirán.

Las personas en tu vida son valiosas. Su familia y los que más ama

La verdad sobre el dinero

Todd Allyn

son más valiosos que los dólares que perseguimos todos los días. Cuando te conviertes en un cazador de corazones y no en un cazador de papeles, hay una conciencia y comprensión de saber que mantener tu corazón en el lugar correcto combina varias entidades. Una es que tiene un corazón para lo que es más importante para su vida, que es la familia y los amigos. En segundo lugar, te concentras en lo que harás para mejorar la vida de otra persona dándoles valor y ayudándoles a recibir las cosas que necesitan para tener una vida mejor. Por último, verá qué puede hacer para compartir su gran conocimiento y comprensión del dinero con aquellos con quienes se conecta a su alrededor.

Mucha gente perseguirá el dinero de forma continua e incansable, pero ahora que ha adquirido la comprensión y la conciencia detrás del dinero, es de esperar que tenga una perspectiva diferente. Examina tu corazón. Examina tus pensamientos y pregúntate honestamente. Puede ser mentiroso con los demás, pero nunca podrá mentirse a sí mismo. Reflexione y reconozca que usted es el verdadero valor de la vida. Eres DINERO.

Mis alumnos saben que la economía es el estudio de las opciones y que debemos vivir cada día como si nuestra vida dependiera de ello, porque nuestra vida sí depende de ello. Si no comprende qué es el dinero y qué representa, seguirá siendo un cazador de papeles. Entonces, mi pregunta

La verdad sobre el dinero

Todd Allyn

para usted es la siguiente antes de que termine este libro: ¿Continuará siendo un cazador de papeles o se dará cuenta de quién es usted?

Hay nuevos términos que existen hoy en día, "Persigue la Bolsa" y "Equipo sin dormir", ambos básicamente dicen que nada ni nadie más les importa más que obtener dinero, incluso si deben sacrificar tiempo con la familia e incluso descansar para obtener eso. ¿De qué le sirve a una persona ganar el mundo entero y vender su alma? Una persona puede volverse rica y aun así estar arruinada, porque está enferma por falta de descanso y está sola por falta de verdaderos amigos. Esto se llama porno prisa, y aparentemente ha capturado a la generación actual.

Si bien muchos se esfuerzan y persiguen el deseo de convertirse en una historia de éxito multimillonaria, es importante darse cuenta de esta regla tan importante. Debes dar un valor correspondiente a los demás igual a las cosas que quieres. Quieres un millón de dólares; debe dar a los demás un valor de un millón de dólares. De ninguna manera estoy diciendo que no busque volverse rico, lo que estoy sugiriendo es que comprenda que usted es el conducto para la riqueza. Tu vida es el premio, no los dólares.

Cuando una persona famosa muere por suicidio o por una sobredosis de drogas, algunas personas pueden preguntar, ¿por qué harían eso? ¡Lo tenían hecho! ¡Eran ricos! Esto es trágico. Esto también es trágico para los amigos y seres queridos que ahora sufren la pérdida.

La verdad sobre el dinero

Todd Allyn

El papel moneda no puede comprarle todo porque el valor real es su vida.

El amor al dinero es la raíz de todos los males. El amor por el papel moneda nunca terminará bien, y el papel moneda nunca reemplazará los recuerdos preciados. Lo que debe recordar es que siempre puede obtener y reponer dinero, pero nunca tiempo. No cometa el error de pasar toda su vida obsesionado con el papel moneda, no sea que se pierda las fiestas de cumpleaños, bodas, graduaciones y momentos simples con sus seres queridos. Cuantas más personas genuinas te rodeen, menores serán tus posibilidades de estar sin fondos y sin diversión. Cuando llegan tiempos difíciles, cuando está rodeado de personas y amigos genuinos, tiene un entendimiento tácito de que, si uno de ustedes logra el sueño del éxito y la libertad financiera, también lo hará la otra persona. De eso se trata la asociación y la verdadera amistad. ¡Unión! Si alguien te ama y confía en ti, invertir en tus sueños nunca debería ser un problema. La confianza es una forma de moneda.

El valor real y la riqueza no se basan en cuántos ceros hay en su cuenta. Hay mucha gente muy rica que es despreciada. Siempre serás rico y amado cuando te des cuenta de que eres la fuerza creativa detrás de la riqueza, y tú, como persona viva, eres el dinero. Tu sonrisa vende y beneficia al mundo. Su amabilidad, humildad y personalidad y

La verdad sobre el dinero

Todd Allyn

preocupación genuina por los demás pueden abrirle puertas. Cuanto más valor le dé a los demás, más valor recibirá. Nunca nadie ha puesto más recursos en la palma de su mano con el puño. Si ganas el corazón de una multitud de personas dando valor, siempre compartirán contigo lo que tienen en sus manos, y cuando persigas los lazos del amor y las relaciones, la bolsa siempre te seguirá.

CAPÍTULO 9

M.O.N.E.Y. (DINERO)

M: Maximizando sus sueños

No estás destinado a vivir por los sueños de otra persona durante toda tu vida. Estás destinado a vivir tus propios sueños. Muchos dicen que el cementerio es el lugar más rico del mundo debido al potencial sin explotar y los sueños incumplidos. No dejes que la vida te pase sin construir un plan que bendecirá tu línea de sangre durante muchas generaciones por venir. Algunas de esas cosas que soñaba hacer cuando era más joven deben volver a la vida. Todo lo que usas y tocas hoy fue la visión de alguien ayer, así que asegúrate de hacer todo lo posible para que la tuya sea una realidad. El mejor momento para plantar un árbol fue hace 10 años. Empiece a trabajar en sus sueños hoy.

La verdad sobre el dinero

Todd Allyn

O: Organice su vida para superar obstáculos

Los obstáculos, la oposición y la competencia son inevitables, pero no tienes que dejar que te detengan en seco. Los retrasos y desvíos son parte del proceso de realización de tus sueños, así que no colapses y te rindas cada vez que aparecen. Esto le dará la resistencia y la resistencia necesarias para sus esfuerzos futuros, por lo que la presión y las dificultades ya no lo intimidarán. Tener una ética de trabajo inquebrantable y un espíritu de no renunciar siempre mantendrá la paz en su mente y la comida en su mesa. Organice su día, su mes, su año, su vida para que tenga una visión clara de dónde quiere estar. La única forma de llegar a la ubicación deseada es tener un mapa de carreteras que lo lleve.

Encuentra tu camino, organiza tu viaje.

N: La red aumenta el patrimonio neto

Como mencioné anteriormente, no se trata solo de lo que sabes, sino también de a quién conoces. Las conexiones y las relaciones son cruciales para cada etapa de la vida, y nunca se sabe cómo una conversación podría mejorar toda su vida. Sea accesible y mantenga una sonrisa agradable y una actitud segura. Tu personalidad no tiene precio y te llevará a lugares que nunca hubieras imaginado.

La verdad sobre el dinero

Todd Allyn

E: Disfrutando la vida todos los días

No dejes que la búsqueda de tus sueños te estrese o te haga quejarse y quejarse de todo lo que no está bien. Desarrolle la fe, el optimismo y la gratitud sin importar lo que enfrente, sabiendo que todo lo bueno o lo malo lo está ayudando a acercarse a su destino.

Cuenta tus bendiciones y concéntrate en las cosas diarias que te llenan de alegría. La vida es demasiado corta para estar deprimido y desanimado por lo que no puede controlar, pero lo único que puede controlar es cómo responde a su entorno.

Y: Rendir valor a la familia y a la comunidad

Una vez más, no tiene sentido sacrificar todos sus años de juventud sin hacer nada más que trabajar y moler sin descanso o tiempo con sus seres queridos. Recuerda, ¡el Todopoderoso descansó! No podrá recuperar los años o el ajetreo, así que asegúrese de mostrarle a las personas que ama y apreciarlas no solo con sus palabras o regalos, sino también con tiempo de calidad y recuerdos duraderos. Las risas, los abrazos y estar en la presencia del otro continuarán brindándote paz y alegría, y te ayudarán a recordar que no estás atravesando este viaje solo. Encuentre un buen equilibrio entre su familia y sus finanzas, y nunca volverá a ser pobre ni económica

La verdad sobre el dinero

Todd Allyn

ni emocionalmente un día más en su vida. Da vida a los que te rodean y el valor que das siempre será recordado.

Últimas palabras

La verdad sobre el dinero es que el dinero tal como lo conocemos no es real. El papel moneda representa algo sin vida. Tú, como ser viviente, eres el creado a imagen del Dios viviente. Tú eres el que ha sido encargado de cuidar la tierra y de crear y manifestar el cielo en la tierra. Dios te da el poder de ganar riqueza a través de ti y te da el poder de ser una bendición para los demás. Da vida a tus sueños siendo quien y lo que realmente eres. Lo más valioso del mundo eres tú, y el mayor regalo que puedes darle al mundo es tu creatividad.

¡Sé el dinero!

SOBRE EL AUTOR

Todd Allyn, conocido como profesor Econ, es un entrenador de estilo de vida, liderazgo y alto rendimiento. Durante más de 21 años ha sido profesor en el área de Ciencias de la Decisión. Todd ayuda a personas de todos los ámbitos de la vida a crear, construir y mantener altos niveles de estilo de vida y rendimiento al enfocarse en tomar decisiones enfocadas en cinco áreas principales de la vida que, según las investigaciones, son esenciales para vivir una vida larga y exitosa. Ahora más que nunca, estas habilidades son necesarias para sobrevivir. En este libro, él compartirá contigo y con el mundo lo que ha descubierto y ha podido aprovechar para vivir un estilo de vida y un rendimiento de alto nivel durante tiempos difíciles.

www.ingramcontent.com/pod-product-compliance
Lightning Source LLC
Chambersburg PA
CBHW070137230526
45472CB00004B/1574